Jean-Baptiste Fondjo

Freiner la mort précipitée...

Jean-Baptiste Fondjo

Freiner la mort précipitée...

Éditions Muse

Cover image: www.ingimage.com

Publisher:
Éditions Muse
is a trademark of
Dodo Books Indian Ocean Ltd., member of the OmniScriptum S.R.L Publishing group
str. A.Russo 15, of. 61, Chisinau-2068, Republic of Moldova Europe
Printed at: see last page
ISBN: 978-620-2-29937-4

Jean-Baptiste FONDJO

78 60 25 86 / 85 44 32 17

fjeanbaptiste1996@gmail.com

FREINER LA MORT PRÉCIPITÉE

[POÉSIE]

PRÉFACE

La tâche qui m'est confiée dans la rédaction de cette préface est à la fois difficile et exaltante ; j'en suis absolument conscient ! J'ai toutefois décidé de courir le "risque" de m'y engager, avec tout ce que cela comporte.

De mon point de vue, ***Freiner la mort précipitée*** est un cri de détresse de l'auteur qui se veut le porte-voix de toute une jeunesse africaine désemparée. Ce texte poétique n'a pas eu l'ambition, à mon avis, de caresser le monde dans le sens du poil, il est surtout un livre qui, en même temps qu'il livre Jean-Baptiste Fondjo au mémorable tribunal réservé aux auteurs de l'exaltante poésie de combat, lui fait gravir une autre marche vers l'univers de la poésie des délices.

Sur le chemin du combat, Fondjo semble n'avoir pas pu échapper à l'influence de son prénom Jean-Baptiste. Au regard du contenu sémantique de ce texte poétique, j'en suis arriver à croire que ce prénom Jean-Baptiste que porte le poète Fondjo mérite d'être appréhendé dans l'ordre de la prémonition. Ainsi, à l'instar de Jean-Baptiste de la Bible qui ne portât pas de gangs pour interpeller, dénoncer et éveiller les consciences, Jean-Baptiste Fondjo, comme poète, n'échappe pas à la trajectoire prophétique qui semble être la sienne.

Avouons que le regard non complaisant que le poète porte sur la cité est tel que dès le premier contact avec ce recueil de poèmes, celui-ci laisse, pour un bref instant, un goût quelque peu amer au palais du lecteur. Fort heureusement, ce goût qui se situe à mille lieux de celui des vins capiteux dont il est abondamment question dans la bible est très vite noyé, dilué dans l'aspect délicieux de ce texte poétique qui met les mots non seulement en mouvement, mais aussi en ordre de bataille : l'équilibre tant espéré est fort bien retrouvé.

Aussi, sur la question liée à la connaissance et au bon sens, ce jeune poète se plaît à convoquer René Descartes et ses théories ; mais loin de lui faire un mauvais procès, il l'invite plutôt sur l'autel de l'ajustement de concepts- ce lieu où les non-dits en disent long.

Le poète, entre deux piques, se fait éducateur ; sur cette base, il arbore ses vêtements de pourfendeur du démon de l'immigration à haut risque qui mine notre cité. Il s'adresse à la jeunesse africaine qui ose se livrer mains et poings liés à la mort.

Et parlant de "l'univers des cités", milieu qu'il connaît plus ou moins ou presque, pour la simple raison qu'il y séjourne encore pour achever sa formation, le poète ne va pas par le dos de la cuillère ; il ose, sans aucune élégance langagière, écrire :

« Mais aujourd'hui… Pff… Ce temple est profané !
Parce que devenu un gigantesque réfectoire
Où accourent tous ces étudiants,
Aux ventres bedonnants de malnutrition et de carences intellectuelles
Aux crânes s'évidant allègrement,
Toujours à la recherche de ces bouts de papiers
Joliment appelés diplômes »

Le tableau, comme on le voit, est sur le point de s'assombrir, au regard du portrait que le poète Fondjo fait de ce milieu réservé, par essence, à l'élite. Mais le jeune poète ne démord point ! Et le jugement est désormais sans appel :

« Je suis…
On est…
Nous sommes des millions
Des milliers sommes nous
Déformés par ce fameux système Laisse-Moi Dormir
Enfermés, dans le coma intellectuel
Dans ces conditions pitoyables où
L'on forme des intellectuels
Bientôt désintellectualisés
Pour désormais faire place à une constipation intellectuelle »

C'est tout un système qui est convoqué et placé sur le banc des accusés ; et, avec des mots choisis, plaisants ou déplaisants, le poète ose nommer ce qui est nommable. Il le dit, à mon avis, non par animosité, mais plutôt par désamour et surtout dans un souci de voir les choses être mises à l'endroit.

Je réalise que ***Freiner la mort précipitée*** a ceci de pouvoir transformer ce qui, en principe, ne doit pas plaire en plaisant ; c'est pour cela que je nous invite à suivre le poète qui, avec beaucoup d'ironie dépeint la condition sociale qui est la sienne, mais aussi et surtout celle de la jeunesse africaine :

« Nous venons des luxueux bidonvilles
Beaucoup plus beaux que Paris
Nous venons des fastueux sicobois
Beaucoup plus beaux que New York
Nous venons des splendides campements les plus reculés
De la Planète Bleue
Avec des plaies dans le ventre
Des intestins étiques repliés sur eux-mêmes

Dans nos ventres désertiques

Des yeux flottant dans la fosse septique »

La parole est ainsi libérée, et elle enfourche le cheval de la réalité et de la vérité ; en cela, ce texte poétique est à saluer et à célébrer. Aussi voudrais-je remercier le poète Jean-Baptiste Fondjo pour son écriture à la fois plaisante et instructrice. Pour son texte poétique qui n'épargne personne et qui se fait l'écho de la plupart des sujets d'actualité touchant au monde et surtout à l'Afrique, ce jeune poète mérite d'être lu et félicité.

Bon vent à toi le poète, que les muses ne te quittent jamais !

Pascal ASSOA N'guessan, stylisticien, poète et poéticien.

À tous ces jeunes ivoiriens et africains diplômés

Espérant un jour être généreusement graciés par la Connaissance

À tous ces jeunes africains allant chaque jour

Au large pour affronter vagues et chaleur

Pour affronter les aléas climatiques

Sous ces collines poussiéreuses et sidérantes de l'inconnu

Nez-au-vent se donnant corps et âme pour forcer

La main à la mort lors de leur balade clandestine.

Qu'ils trouvent dans ces vers consolation et sagesse.

Mal Nécessaire

Connaître sans connaître les rouages

De cette vie de ce monde dans

Lequel baigne la Connaissance

Le savoir des êtres et des choses

Qui comme de l'air oxygéné et carbonisé

Nous pourrit et nous rend meilleurs

Ah ! Connaissance ! Connaissance !

Mot fétiche qui empoisonne la vie

Qui nous humilie et nous rend humbles

Nous élève et nous rend orgueilleux

Nous argue de sa bonne foi et nous rend arrogants

Nous faits marcher souventefois

Front haut le regard plein de joie

La tête pleine de choses bizarres

Ah ! Connaissance ! Connaissance !

Mal nécessaire Bien nécessaire

T'ignorer c'est ignorer sa propre existence

Te rejeter c'est rejeter son propre moi

Car celui qui a dit « je pense donc je suis »

A certainement oublié de dire aussi

Je sais donc je suis

Je connais donc j'existe

Celui qui a dit « le bon sens est la chose au monde la mieux partagée »

A certainement omis de dire aussi

La Connaissance est la chose au monde la mieux appréciée

Derrière toi court stupidement l'humain sans relâche

Il parcourt le monde toujours insatiable

Et tout cela dans quel but ?

Après toi court L'Amérique pour
Continuer de réaliser des exploits
Afin d'asseoir encore et encore son hégémonie
De première puissance mondiale
L'Europe te réclame pour marcher le crâne
Lourd de fatras à innover le monde
L'Asie te poursuit pour mettre à jour des choses
Pour empoisonner la vie et détruire le monde
L'Afrique, elle, te cherche lampe tempête à la main
À des fins purement utilitaires
Pour débroussailler toute une famille ligotée
Par la faim et la pauvreté
D'une poussiéreuse vie de malheurs
Depuis des siècles exposant siècles
Ôkpo !

Ah ! Pauvre Afrique !

La Connaissance te fuit

Elle te damne

Elle t'apporte encore de ces restangolos couchés des Autres

Elle te propose les restes avariés des Autres

Elle te garde avec soin les résidus non vitaminés

Elle te confine au bas de l'échelle truquée

Je suis…

On est…

Nous sommes des millions

Des milliers sommes nous

Entassés dans des cabanes très élogieusement appelées Universités,

Un mot qui ne signifie presque plus rien dans ma tête

Parce qu'épuré de sa substance vitale

Autrefois appelé fièrement Temple du savoir

Où l'on nourrissait copieusement

Les esprits affamés de connaissance

Mais aujourd'hui… Pff… Ce temple est profané !

Parce que devenu un gigantesque réfectoire

Où accourent tous ces étudiants,

Aux ventres bedonnants de malnutrition et de carences intellectuelles

Aux crânes s'évidant allègrement,

Toujours à la recherche de ces bouts de papiers

Joliment appelés diplômes

Et pourtant…

Devenus malheureusement des tickets

Dont la seule valeur se résume à l'octroi de la pitance quotidienne

Je suis…

On est…

Nous sommes des millions

Des milliers sommes nous

Déformés par ce fameux système Laisse-Moi Dormir

Enfermés, dans le coma intellectuel

Dans ces conditions pitoyables où

L'on forme des intellectuels

Bientôt désintellectualisés

Pour désormais faire place à une constipation intellectuelle

Mais… qu'importe la Connaissance !

Pourvu qu'elle nous sorte de la misère familiale

Qui nous serre encore la gorge

Et étrangle nos entrailles affamées

Je suis…

On est…

Nous sommes des millions

Des milliers sommes nous

Affamés assis dans le coma de la vie

Ingurgitant rapidement et sans mastiquer

Les miettes de Connaissance calcinées

Que l'on nous jette honteusement au visage

En attendant l'heure prochaine du silencieux sommeil

Qui emportera dans le creux de la terre tous nos espoirs d'enfance

Et nos rêves démesurés

Nous venons des luxueux bidonvilles

Beaucoup plus beaux que Paris

Nous venons des fastueux sicobois

Beaucoup plus beaux que New York

Nous venons des splendides campements les plus reculés

De la Planète Bleue

Avec des plaies dans le ventre

Des intestins étiques repliés sur eux-mêmes

Dans nos ventres désertiques

Des yeux flottant dans la fosse septique

Débordant de larmes

Des bras dépourvus d'os

Je suis…

On est…

Nous sommes des millions

Des milliers sommes nous

Chaque année assis

Sur des tables-bancs

En uniforme ou sans uniforme

Révisant des cours entièrement épurés de toute leur substance vitale

Et malheureusement nous en revenons sans un tabouret

Je suis…

On est …

Nous sommes des millions

Des milliers sommes nous

Écoliers

Élèves

Étudiants

Devenus maladroitement des chômeurs

Perdus à la recherche de la Connaissance

Qui nous sortira de la vallée de l'ombre profonde

Et nous donnera accès à une maigre fraction de vie

Chaque année je suis…

On est…

Nous sommes des millions

Des milliers sommes-nous à cramponner

Les portes de la Connaissance et à nous y cramponner

Nous venons

Sans même frapper nous entrons

Et aussitôt apparaissent d'autres milliers

Méconnaissant encore les réalités du système Laisse-Moi me Distendre

Dans ce vasouillage vaudevillesque

Ah ! Malheureuse Connaissance

Qui nous donne plus de soif

Qui nous donne plus de faim

Qui nous cause plus de soucis

Mais où mènes-tu Connaissance ?

Dis-le-moi ? Que je le sache ?

Nulle part !

Aux enfers peut-être

Dans les profondeurs obscures de l'abîme

Connaissance Tu te moques de nous n'est-ce pas ?

Risibles sommes-nous devenus à tes yeux

Après toi nous marchons

Après toi nous rampons

Après toi nous courons

Depuis notre enfance jusqu'aux cheveux gris

Sans même avoir fini de t'explorer te contempler

Sans même obtenir de toi quelque chose nous rentrons bredouilles

Dans le ventre fané de nos mères

Et dans les poches trouées de nos pères

Hélas ! Courir après toi n'est par moment qu'une perte de temps

Et l'homme de notre ère l'a maintenant si bien compris

Désormais il prend désormais de mortels raccourcis

Tu as fait de nous Connaissance des enfants de la rue

Tu as fait de nous Connaissance des péripatéticiennes

Monnayant notre dignité en échange de maigres miettes

Tu as fait de nous Connaissance des gnambros[1]

Tu nous as poussés Connaissance à devenir des microbes[2]

Glanant à contre gré notre pain quotidien dans la rue

Avec des machettes à la main des couteaux des armes à feu dans les poches

---

[1] Personnes dont le métier consiste à récolter de force de l'argent aux apprentis de véhicules appelés communément ''Gbaka''.

[2] Terme utilisé en Côte d'Ivoire pour parler des enfants, jeunes ou moins jeunes, en conflit avec la loi, et qui sèment dans la capitale du pays panique, peur, psychose en raison des massacres horribles qu'ils perpètrent avec des armes usuels (machettes, couteaux, etc…)

Voilà tout ce que tu es Connaissance

Tu as rendu l'homme assis au-dessus de nos têtes chauves

En raison des soucis journaliers

Méchant despotique tyrannique dictateur

Il te filtre avec attention nous laisse après

Les résidus et offre la partie charnue aux siens

Il a barricadé solidement l'accès à la liberté de la vie

Et nous a confinés dans la cellule étouffante du chômage désertique

Ah Connaissance ! Tu nous as amèrement trahis

D'une trahison douloureuse à supporter

Car longtemps on m'a fait savoir qu'il fallait poursuivre l'instruction

Pour ne pas subir périr mourir

Malheureusement tous ceux qui te poursuivent

Subissent périssent meurent

Longtemps on m'a fait croire que

Poursuivre la Connaissance jusqu'à la fin

Permettrait enfin de s'asseoir à l'ombre du manguier

Malheureusement nombreux sont-ils à rester debout sous le furieux soleil

Tous ceux qui t'ont recherchée ardemment

Longtemps on m'a fait comprendre que le développement passait

Uniquement par la connaissance

Et pourtant l'Afrique patauge tâtonne encore et encore hélas

Dans la boue occidentale du retard de l'utopie du mirage

Quelle Connaissance propulserait donc vers le développement ?

Dis-le nous Connaissance pour que nous y accédions nous aussi

Longtemps on m'a laissé entendre

Qu'il fallait s'appauvrir pour doter la Connaissance

Et qu'après lors de vos étreintes amoureuses elle vous

Ouvrirait généreusement les portes du soleil !

Las ! Ce n'était qu'un leurre du beurre chauffé au soleil

Ah ! Malheureuse Connaissance tu nous as ruinés ruiné notre vie

Nos poches depuis des années

Pour nous abandonner riches et opulents dans l'extrême misère

Longtemps on m'avait dit que la Connaissance le savoir des êtres et des choses

Facilitait la vie

Et donnait accès sur l'autoroute du travail

Mais aujourd'hui on me dit et c'est triste de le dire

Que relation est mieux que diplômes

Que la connaissance d'un proche est mieux que

La connaissance livresque et intellectuelle

Celle pour laquelle l'on s'est toujours battu appauvri endetté

Oui celle-ci a très vite été rattrapée par la date de péremption

Du siècle corruptif de nos politiques

Ah ! Connaissance renégate !

Tu te prostitues sans honte entre les jambes des plus offrant

Comme la petite fillette qui vêtue de sa juvénile candeur

Se vend vend son corps son cœur son sexe sa dignité

À tous ces malheureux aux mains de sangsue psychopathe

Qui sucent sans le moindre soupçon

Le lait vierge de sa garde-robe

Tu continues de te prostituer sans remords

A ces hommes ventrus déjà rassasiés de cette vie

Qui usent de toi encore pour polluer avec les pompes

De leurs narines grosses le reste de la vie

Voilà des siècles maintenant que l'humain

Après toi court debout à travers le monde

Mais où l'as-tu conduit à présent ?

À un stade de bâtardise de zoomorphisme

Tu as transmué la conscience de l'homme en instinct animal

La raison humaine s'est transmuée en poison mortel

Et tout ça à cause de toi

Les hommes ont créé de ces trucs ailés qui volent dans l'air

Comme un éclair

Explosent le monde et détruisent la terre

Ils ont fabriqué de ces machins redoutés

Qui font sortir du feu flamboyant de leur petite bouche

Voilà où tu nous as éconduits connaissance !

Nous pourtant si différents des animaux

Quelle ironie !

Vraiment science sans conscience n'est que ruine de l'âme

La connaissance la sagesse humaine est diabolique

Avait énoncé des années à l'avance un Livre très ancien

Contenant encore et toujours des paroles pleines de sagesse

Capables de réanimer la conscience humaine

Vraiment l'arbre de la connaissance du bon et du mauvais

Nous a le plus éloignés du bon et rapprochés du mauvais

Dommage ! Dommage !

La boussole de notre crâne indique malheureusement le centre

Ah ! Connaissance ! Connaissance !

T'acquérir nous fait plus de mal que de bien

Et pourtant c'est vers toi que le désir prématuré de tous est porté

Tu es désirée par notre cœur amoureux

Désirable à nos yeux convoiteurs

Et agréable à notre tête avide

Tu as colonisé le monde entier :

Enfants jeunes hommes femmes vieillards

Tous te font la cour

Tu n'es pourtant pas si mal que ça !

Car sans toi que serait le monde ?

L'ignorant constituerait un danger

L'illettré une menace

L'analphabète un fléau

Malheureusement la sagesse du sage est devenue sottise

L'intellectuel a aujourd'hui des idées de bombes atomiques à

Transformer le monde en Hiroshima

Hélas ! L'homme a laissé de côté la vraie connaissance

La connaissance rafraîchissante qui procure la vie aux os et au cœur

FREINER LA MORT PRÉCIPITÉE

Bateaux de la mort

Avançant lentement sur des eaux enflammées de colères

Avec une cargaison de viande

Chaque année

Emportant par centaines de milliers

Des cadavres ambulants ligotés

Par les chaînes de la mort

Ce sont des milliers de personnes

Aux espoirs stériles

Ayant une vision lugubre de l'existence

Une espérance sans vie

Squelettique

Une fausse conception de l'Eldorado

Un Eldorado infernal,

Qui hante les esprits ductiles,

Qu'elles chérissent tant !

Elles ont même l'impudence et l'imprudence

De défier les vagues-Goliath et les vagues-Nefilim

De s'aventurer sur une mer vraiment hostile

Qui brûle et assoiffe

Ces immenses bateaux de la mort

Avancent inéluctablement vers les funestes sentiers

Du souterrain pays

Ah ! L'océan s'est érigé en un véritable

Monstre marin affamé

Un dinosaure impitoyable, despotique et tyrannique

Toujours gueule ouverte

Prêt à engloutir avidement ces nombreux esprits frivoles

Déchirés par les passions de la puberté

Attirés et attisés par la recherche effrénée

D'une vie paradisiaque

Dans ce monde chaotique

Où sans arrêt nous vivons

Des situations dramatiques

Le monstre océanique du siècle avale constamment

Et sans pitié maternelle aucune

Ces êtres, qui terriblement, assommés par la pauvreté

Pensent aveuglement et à tort

Que le monde idéal se trouverait

Au-delà des frontières maritimes

Ouf ! Le monstre d'hier affamé

Se trouve aujourd'hui avec le sac repu

La poche ballonnée

De ces nombreux suicides volontaires

Auxquels l'humanité assiste ébahie

Placés sous le joug

D'une quelconque recherche utopique du bonheur

Ces funestes bateaux funestes

Transportant chaque année sur l'île de la mort

Des millions de vies fatiguées…

Dans *le ventre de l'Atlantique*

Dans les entrailles de l'océan,

Sont sur le point d'éclater sans crier gare

Plouf !

Plouf !

Plouf !

À cause du flux constant

De tous ces clandestins

Venus embrasser amoureusement la mort aux larges d'une mer hostile

Ce sont des milliers d'humains

Empruntant ces sentiers funestes

Sans cesse de nombreuses vagues géantes

Assiègent à souhait

Les eaux de la méditerranée

Piétinent obstinément les territoires étrangers

Même la mort ne peut freiner cet élan

Car fermement décidés qu'ils sont

À visiter les frontières du silencieux sommeil

Coûte que coûte vaille que vaille,

A un jour chanté Espoir 2000

L'océan n'a même plus le temps

De digérer cette abondante nourriture

Que lui offre volontiers la race humaine

Le monde sous-marin s'égaye de ce festin constant

Ah ! Que faire pour arrêter ce mal demeurant silencieux

Que faire pour mettre un terme

À ce carnage provoqué

À ce nouveau drame génocidaire

À cette nouvelle « rwandadisation »,

À ce nouvel attentat sans explosifs

Qui s'abat violemment

Sur le monde

Que faire pour transformer ces bateaux de la mort en bateaux de vie !

Illuminés par les rires du soleil couchant

Et les sourires d'étoiles

Chantant de volupté *Chaque jour l'espérance* qu'il fait

J'espère pouvoir traverser librement avec ces vers blancs

Les frontières hermétiques

Afin de les rendre flexibles et sensibles

Afin d'attirer leur attention

Sur cette folle-absurdité-humaine

Sur cette contradiction paradoxale

Qui engendre encore et encore des morts

Le fond de la mer est submergé par de nombreux

Grains de sable sans vie

Ces vers s'envolent pour annoncer

Le message SOS de la sombre période de notre histoire

Et le répandre par-delà les frontières

La mort est devenue un joujou

Dans ce paysage sans vie

Demeurant constamment silencieux

Et dégageant une lumière intense

Tel un four surchauffé

Tuant tous ces voyageurs clandestins

Assoiffés et affamés

Prenant d'énormes risques

À traverser ce paysage complètement brûlé par le feu du soleil-zénithal

Ces kilomètres de sang de sueur

N'effraient plus personne ne s'en inquiète

Peut-être habitué peut-être aguerri

Le sable meurtrier

Le long de cette route inanimée

Sans aucune présence de vie

Continue de faire des dégâts

Même le roi de la savane

N'ose pas y chercher abri

C’est un four vrai

Qui transforme l’eau oxygénée

En gaz carbonique pour le clandestin

Qui refuse de se rendre à l’évidence

Que la traversée de cette forêt morte,

De cette calvitie chaleur-(euse) de la terre

De cet environnement carcéral

De ce labyrinthe enflammé

Est un voyage risqué

Composé d’embûches mortelles

Dîtes aux consciences marquées par le fer rouge de l'illusion occidentale

Que la réalité de leur rêve est le pire cauchemar qui puisse exister

Dîtes-leur que dans ce monde actuel l'Eldorado

Qu'ils recherchent avidement est une ombre épineuse

Dîtes-leur qu'ils risquent dans cette affreuse quête

De voir du rouge et noir sur un gros iceberg comme le Titanic

Dîtes-leur que la marche de la mort désertique

Vient d'être abolie

Dîtes-leur qu'à voler trop près du soleil

On s'y brûle facilement les ailes

Il faut désormais songer à la phase de la sensibilisation pragmatique

Attirer l'attention aux moyens de pancartes ficelées sur les cœurs ingénus

Indiquant que l'Eldorado

Est à proximité de soi

L'Éden recherché pour l'instant

N'est nullement Ailleurs mais Ici

Il faut juste pouvoir l'aménager

Extirper des cœurs

Le prépuce qui distille dans les Esprits

Ces idées naïves-néfastes

Que l'on avale à tort et à travers

Pensant maladroitement qu'il existe dehors :

L'Objet recherché

Il faut mettre un terme à ce voyage illicite

Provoquant par millier des morts indénombrables

Avalés d'un trait par les eaux méditerranéennes comme un comprimé

Il faut couper bras et jambes de tous ces esprits faméliques

Supprimer de la carte du monde ce chemin incertain

Afin de ralentir la mort précipitée

Provoquée durant ce voyage immigrationnel

De cette viande humaine

Les poissons n'en veulent plus encore

Les corbeaux sont rassasiés de cette chair étouffée

Par la colère du soleil

Partir furtivement

C'est partir parfois sans jamais revenir

Sans aucune possibilité de retour

C'est partir pour y rester peut-être définitivement

Partir c'est aussi mourir

Partir c'est aussi périr

Partir c'est s'enfoncer dans les profondeurs abyssales

C'est se jeter dans le cœur de cette terre sulfureuse

Freiner la mort précipitée

Voilà tout l'enjeu majeur du siècle

C'est à retirer de cette jeune chair frêle

L’étincelle recherchée dans cette nuit noire

Est à portée de main

Il faut juste la cueillir

L’étoile de minuit est venue accoster devant

La porte de ta maison

Récupère-la

Elle n’est nullement ailleurs

Cette luciole

Il faut la chercher tout près

Chez soi

Il faut porter les loupes microscopiques de la réalité

Pour découvrir l’endroit où elle se niche

On ne peut la rencontrer comme ça de façon hasardeuse

Il faut regarder au microscope

Pour percevoir sa cachette et la sortir de là

Les proches restés au pays natal sont en deuil

Affligés ils sont depuis

Que tu t'entêtes à emprunter ce sentier funeste

Inconsolables sont-ils depuis

Que tu as pris la drôle décision

De te pendre avec les cordons ombilicaux de la mort

Fuir les dédales de la vie

Pour aller se jeter dans les bras de la mort

N'est pas la véritable solution

Fuir pénurie, famine et pauvreté

Pour une abondance-misère

Pour des souffrances encore plus atroces

N'est pas l'unique remède

Immigrer furtivement c'est accepter le glorieux supplice

De vivre en éternel fugitif

Immigrer furtivement c'est souffrir agréablement

D'avoir commis l'irréparable erreur d'abandonner au vent

L'Eldorado local

Pour un Eldorado incognito, obscur, sombre, triste et infernal

Détruire ces bateaux de la mort

Et réussir à couper complètement

Tout sentier macabre de l'immigration clandestine

Voilà tout l'enjeu véritable de notre ère

Comment faire savoir à tous ces esprits lubriques que

L'Ailleurs est une vie empoisonnée

De souffrances

D'inquiétudes

D'absence des personnes qui nous sont chères

L'Ici par contre est une vie de lune de miel

C'est un cocktail de joie, de bonheur, de contentement et de satisfaction

De partage avec ceux qui nous entourent et qui nous aiment

Dîtes-leur que le bonheur véritable réside ici dans l'extrême misère

Dîtes-leur que le Gassama de la vie n'est pas toujours ailleurs

Dîtes-leur qu'à vouloir à tout prix la liberté

On en revient souventefois avec la couronne de la captivité

Confessez-leur que les portes du soleil tant attendu s'ouvriront

Sur le sentier rocailleux de la patience

Et là à coup sûr ''l'aube se renouvellera''

Ode et Ivresse

Sortis de cet univers opaque

Des entrailles sanguinolentes de la bastille maternelle,

L'enfant jouit sans arrêt dans l'ignorance totale et l'insouciance

Vêtu d'une extrême beauté et d'une grande fragilité

Il pousse des cris stridents

Après avoir été évacué de

La Parenthèse de sang

Où il glisse à présent dans l'exubérance de la vie

Ah ! Enfin apparaît l'ode

L'aube d'une nouvelle vie

Où il sort complètement

De l'isolement après neuf mois de réclusion totale

Ah ! Enfin apparaît la liberté !

Lorsqu'on coupe les fragiles menottes

Accrochées à son ventre

Qu'il est beau ce sourire innocent du nourrisson

Balançant agréablement ses membres dans le vide

Et s'exprimant dans une langue parfois incompréhensible

Ah l'enfance !

Douce rivière coulant lentement

Doux fleuve apaisé triomphant toujours des déconvenues de la vie

Visage gai dépourvu des rides de la vieillesse

Ah l'enfance !

Berceau du bonheur inouï

Dans lequel l'enfant s'épanouit

Accroché fermement aux seins-placali-frais de sa mère

Dans ce Royaume magnifique

Où tous les souvenirs encore dans la fleur de l'âge

Se promènent

Défilent sans cesse

Bourgeonnent, s'entremêlent et s'entrelacent d'un baiser jovial

Dans cet ordinateur en miniature
Logé dans le crâne fragile de l'enfant
Où temps et événements imprévus
Bienheureux et malheureux
S'enracinent profondément dans le sol hydro morphe de l'enfant

Ah l'enfance-Eldorado-et-Paradis-des-premières-lueurs-de-la-vie !
Sous ces cauchemars ensoleillés
Et ces-rêves-abracadabrants-abortifs-de-l'existence-noirâtre

Derrière cette réalité pittoresque et
Chaleureuse de la misère poussiéreuse
Des poches édentées de nos pantalons faméliques
L'enfant assis à même le sol
S'amuse, chante, sourit, pleure…N'guê-n'guê…N'guêêê…ê

Ah l'enfance !
Période de l'Année où neigent
Les plus belles pages de l'histoire

Loin des journées harassantes de l'existence,

L'enfant vit le rêve de l'amour à fleur de peau

Hélas ! La mienne m'a été soudainement arrachée

De toi j'ai été effroyablement séparé

Des griffes-mains-galleuses-et-galopantes-du-profond-sommeil

Inexorablement impitoyable et rapide telle une fusée

Depuis le jour où j'ai cessé de boire le lait de vie

Depuis le jour où j'ai été tiré de force

Des entrailles du silencieux sommeil

De mon enfance auprès de toi

Toi l'eau de vie qui aromatise la vie de l'enfant

Loin de toi

L'enfance devient semblable au jour où l'Homme a été

Chassé du Jardin d'Éden

Oui hélas de toi j'ai été très tôt séparé

Tandis que je n'avais pas encore fini d'extraire

Le miel de mon existence

Qui assurerait ma croissance

Ah combien de fois mes yeux ont dû faire pleuvoir des larmes !

Malheureusement, le temps de la séparation a fini par endurcir

Les portes de mon cœur

De toi mon cœur était désormais devenu distant et réticent

Ah ! Mon enfance s'est très vite envolée loin de moi

Le bonheur de l'enfance a très tôt été amputé de mon existence

J'ai assez souffert de mon handicap affectif

Dans mon cœur s'est formée une grosse boule noire

Le cristal de l'amertume

Le goumin-goumin affectif a affecté mon esprit et mon cœur

Et tout cela a fini par provoquer en moi une grande insensibilité et haine à ton égard

Étrangère tu étais désormais devenue pour moi

Waouh comme le temps m'a progressivement métamorphosé !

De ma mémoire tu tendais à disparaître

Jamais je n'aurais un jour imaginé

Que je m'apitoierai longtemps sur toi,

Sur ton sort !

Je t'ai maintes fois vue pleurer

Parce que j'avais changé à ton égard

Voici qu'aujourd'hui c'est moi qui te pleure

Depuis quelques années maintenant

Je suis inconsolable

Depuis le triste jour de notre nouveau divorce

Cette fois, il est définitif !

Plus rien ne me lie à présent à toi

Sauf le douloureux souvenir de ta volante image

Le souvenir douloureux de ton dernier insaisissable souvenir

Ah ! Pourquoi partir maintenant

Avant que l'on ait remis les choses en ordre

Ah ! Ton départ dans ce sous-sol a bouleversé mon cœur

Il a transpercé violemment mon être tout entier

Et ravivé en moi une sensibilité extrême

Ah ! Si le monde pouvait se mettre sur pause

Oui juste le temps de le repeindre en rose

Si le monde pouvait se mettre sur pause

J'aurais aimé revivre certaines choses !

Disait Black M

Mais hélas c'est trop tard

Que de regrets j'éprouve…

Si je savais…

Je t'aurais dit une dernière fois… MERCI !

Je t'AIME…

Hélas ! Tu es partie le cœur lourd de mon absence et de ma distance

Ah ivresse ! Mon cœur continue de boire le vin de la culpabilité

Il a bu l'absinthe

Et maintenant il est ivre de douleur et de chagrin

Le chagrin qui même des années après

Continue de vous ronger

Parce que vous avez laissé le Temps-sacré-de-l'amour vous échapper

Seul ! Le dos courbé ! Les mains croisées sur la tête

Je pleure ma culpabilité

Elle est une ombre sur ma tête

Elle est un lourd fardeau

Dont je n'arrive pas jusqu'à présent à me défaire

Mon unique refuge réside désormais dans mes larmes intérieures !

Mon cœur murmure sans arrêt son sublime désarroi

Hélas il est devenu inconsolable depuis

Que tu t'es endormie dans le sombre repos de la Terre

Depuis ce jour je chantonne mon ivresse

L'ivresse des jours sombres et flegmatiques

L'ivresse d'une enfance écourtée

L'ivresse d'un handicap affectif

L'ivresse d'un cœur terriblement blessé et déchiré

L'ivresse d'une double-séparation

L'ivresse du sommeil impitoyable

Venez ! Chantez avec moi ce chant de deuil

Pour celle que tendrement j'aimasse dans le secret

Venez ! Chantez avec moi ce chant de deuil

Pour celle qui traversât mon existence tel un éclair

Elle est partie accompagnée de nos violents cris blessés

Et elle n'est pas encore revenue !

Elle est brusquement allée

Se coucher dans le ventre de la terre

Accompagnée de nos larmes muettes

Dommage qu'elle soit si vite partie !

Me laissant tout seul abandonné et solitaire de son affection

À présent de mes yeux émergent larmes de peines

Larmes couleur rouge-feu larmes-tristesse larmes-hypocrites

Larmes-coupables larmes-de-regret larmes-colère

Viennent s'échoir sur le souvenir abyssale de ton ombre volante

Hélas ! Mon cœur pleurnichard atteint d'hydrocéphalie

Sans cesse pleure et chante ces vers hugoïques :

« Demain dès l'aube,

Demain dès l'aube à l'heure où blanchit la campagne

Je partirai. Vois-tu je sais que tu m'attends

J'irai par les forêts, j'irai par les montagnes

Je ne puis demeurer loin de toi plus longtemps

Je marcherai les yeux fixés sur mes pensées

Sans rien voir dehors, sans entendre aucun bruit

Seul, inconnu, le dos courbé, les mains croisées

Triste. Et le jour pour moi sera comme la nuit

Je ne regarderai ni l'or du soir qui tombe

Ni les voiles au loin descendant vers Harfleur

Et quand j'arriverai, je mettrai sur ta tombe

Un bouquet de houx vert et de bruyère en fleur. »[3]

[3] HUGO Victor, « Demain dès l'aube », in *Contemplations*,

Despotisme politique

Ils ont tué la vie, ces vipères !

Ils ont broyé l'oxygène de l'existence

Ils ont écrasé les entrailles de nos cœurs, ces monstres !

À leur arrivée l'on crut à tort

Que la vie reprendrait au Printemps

Que le soleil enfanterait des terres nouvelles

Et que l'aube sortirait indemne de la matrice de la nuit

Mais ils nous ont apporté l'été des chaînes et l'enfer métallique du désert

Ils ont bu sauvagement le sang de nos pères

Pour assujettir les fils orphelins

Ils ont assassiné leur sang

Pour s'accrocher au pouvoir

Le pouvoir des vautours noirs assis
Sur des ossements humains
Jamais ils ne sont rassasiés d'argent
Ces monstres puissants

Ils ont tant divinisé ces bouts de papier
Et ont fini par être déifiés par les siens
Espérant recevoir en retour les gouttes de salives
Qui tombent de leur bouche remplie de mensonges

Loin dans la forêt j'entends encore le hurlement des étoiles
Qui soupirent sous le joug blafard sous *Le Pouvoir des Blakoros*
Des vautours assoiffés de gloire

Ils ont supprimé de la carte de nos cerveaux
La lumière du jour
Ils ont de leur regard inquisiteur
Réfréné par un maussade chant la liberté
De notre vie-poulet-de-chair

Ils ont sous leur régime de banane plantain non-mûr

Rendu nos pères impuissants

Et nos mères stériles

Ils ont répandu l'obscurité dans nos cœurs atteint du VIH, ces vautours !

Ils se sont partagé avec leur généalogie le butin national

Nous laissant sans rien

Ils ont bu avidement la sueur

De nos fronts lourds de souffrances

Et l'ont remplacée par l'urine gluante et chaude de leurs narines

Ils se sont associés aux étrangers-ennemis d'hier

Pour continuer de nous voler et de nous tuer

De tuer la vie en nous

De voler la lune chez nous

Ah ! Quelle ivresse

Aujourd'hui c'est la désillusion et le désenchantement total

Ces vautours vêtus de corruption

S'asseyent encore et encore sur la vie

Oui le temps imprimera désormais nos peines

Sur les terres natales

Où haut et fort nous clamerons nos colères muettes

Devant la justice maquillée de nos nouveaux bourreaux

Comme c'est triste ! Vraiment dommage !

Bôlipkapkouê !

Ne te réjouis plus de cette pathétique situation

Enrouler dans le moule de cette société N'zassa

Ne mets plus ingénument ton cœur dans les paumes

De ces cobras sournois assis au milieu de cette terre aride

Et crachant sans arrêt

Du miel venimeux de leur bouche

Ne saute plus de joie dans cette société agonisante et angoissante

Car désormais va la vie en décrépitude dans la société tétanisée

Où partout c'est la désolation et des clameurs à n'en point finir

Sous le poids des horreurs qui sans cesse nous font frémir

Las ! Les valeurs aux poils dorés se dégrafent

Sous les violents crépitements des joujoux

De ces adultes

Qui font du monde dorénavant un sanglant et cinglant abattoir

Dans lequel le pouvoir mortuaire des vautours

Se meut et prend continuellement racine comme les chiendents

Mais voici que s'annonce l'heure de vérité…

Où grandira enfin l'enfant d'hier

Et où son cœur tel un volcan en éruption demandera des comptes…

À nos bourreaux-princes-innocents

Du malheur qui nous accable

Et nous ronge.

Table des matières

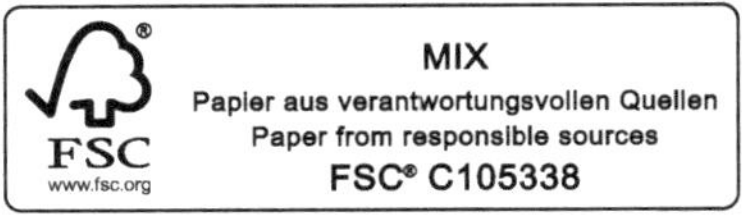

Printed by Books on Demand GmbH, Norderstedt / Germany